FRANÇAIS	ANGLAIS	PRONONCIATION
arrêter	to stop	tou stope
c'est gagné	we did it	oui dide ite
canard en plastique	rubber duck	reubeur deuque
heure du bain	bathtime	basse-taillme
parapluie	umbrella	eum-bréla

D'après la série *Dora l'Exploratrice* réalisée par Eric Weiner.

Traduction française : © Philippe Mestiri

Publication originale :
© Éditions Albin Michel, S.A., 2014
Éditions Albin Michel
22, rue Huyghens, 75014 Paris
www.albin-michel.fr

Directeur de collection : Lise Boëll
Éditorial : Estelle Cerutti et Marie-Céline Moulhiac
Direction artistique : Luc Doligez

ISBN : 978-2-226-25676-8
Loi n°49-956 du 16 juillet 1949 sur les publications destinées à la jeunesse.
Achevé d'imprimer en Italie
Dépôt légal : septembre 2014

nickelodeon

DORA L'EXPLORATRICE™

Dora prend son bain

Albin Michel

C’est l’heure du bain,
bathtime, pour Dora.
- Regarde toute la mousse !
Comme c’est rigolo ! Et toi,
aimes-tu prendre ton bain ?

Dora est prête à plonger dans l'eau.

– Oh, non ! Je ne retrouve pas mon canard en plastique, **rubber duck** ! C'est mon jouet de bain préféré. Où est-il donc passé ?

La Carte sait où se trouve le canard en plastique de Dora. Il est coincé dans le Geyser Gluant. Pour y aller, il faut traverser le Pont aux Bulles puis passer la Montagne de Boue.

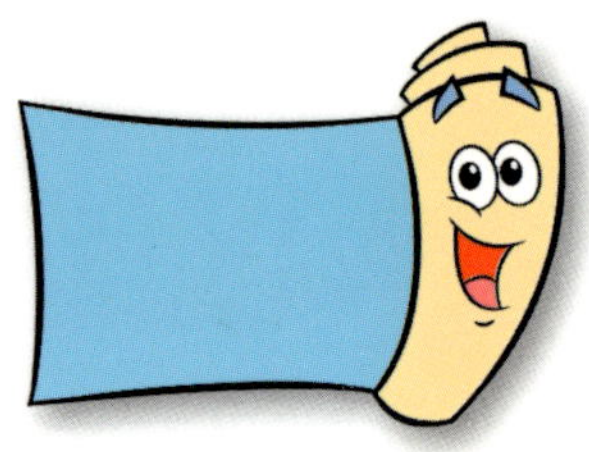

GEYSER
GLUANT
MONTAGNE
DE BOUE
PONT AUX
BULLES

Dora et Babouche arrivent devant le **Pont aux Bulles**.
- C'est difficile de le traverser avec toutes ces bulles. Pointe le doigt et éclate les bulles ! Ploc, ploc, ploc ! Comme c'est amusant !

Youpi ! Dora et Babouche ont traversé le **Pont aux Bulles**.

– Voici notre ami Tico !
Il nous propose de nous accompagner en voiture jusqu'à la **Montagne de Boue**.

Au pied de la **Montagne de Boue**, il faut faire attention à ne pas se mettre de la boue partout.

- Dès que tu vois une flaque de boue, demande à Tico de s'arrêter. Dis-le en anglais :

« **Stop!** »

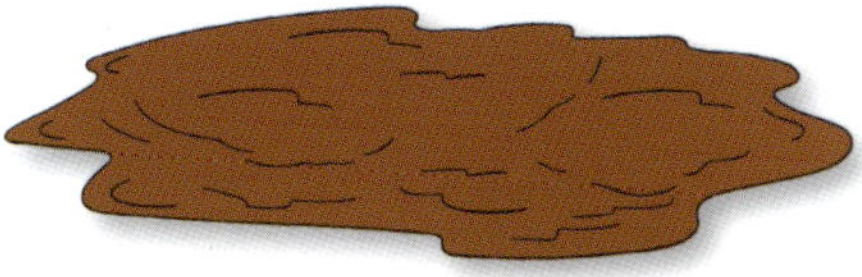

Dora et Babouche arrivent
au **Geyser Gluant**.
- Méfie-toi, Babouche !
Le **Geyser** crache un liquide
qui colle comme de la glue.
Regardons dans Sac à dos
s'il a un objet pour nous
protéger.

– Vite, dis : « Sac à dos ! » Vois-tu ce qui pourrait nous protéger ? Oui, un parapluie, **umbrella**. Merci.

Dora et Babouche sont bien protégés sous le parapluie.
- Est-ce que tu vois mon canard en plastique ? Oui ! Tu as raison. Il est au sommet du **Geyser Gluant**.

- Veux-tu nous aider
à l'attraper ? Tends bien
les bras en l'air et attrape-le !
Bravo ! J'ai récupéré mon
canard en plastique.

Oh, non ! Chipeur surgit pour chiper le canard en plastique.
- Vite ! Dis trois fois de suite :
« Chipeur, arrête de chiper ! »
Super ! Nous avons repoussé ce coquin de renard.

Ça y est, Dora barbote dans son bain avec son jouet préféré.

– Maintenant, je peux me laver. Un peu de savon au creux des mains, et je frotte pour être toute propre. Merci de ton aide.

C'est gagné !
We did it!

Je grandis avec Dora

Quel jouet de bain a perdu Dora ?

- Oui, son canard en plastique !

C'est gagné ! We did it!